FÊTE DE L'ORDRE

ET

DES VICTOIRES.

FÊTE DE L'ORDRE

ET

DES VICTOIRES,

CÉLÉBRÉE

PAR LA R∴ L∴ SAINT-JEAN,

SOUS LE TITRE DISTINCTIF

DES AMIS DE LA PAIX,

A L'OR∴ DE PARIS,

Le 7ᵐᵉ∴ J∴ du 11ᵐᵉ∴ M∴ de l'An de la V∴ L∴ 5806,

DE L'IMPRIMERIE DE DUMINIL-LESUEUR,
rue de la Harpe, N°. 78.

M. DCCC. VII.

L∴ DES AMIS DE LA PAIX.

A LA GLOIRE
DU G∴ A∴ DE L'UN∴,

ET SOUS LES AUSPICES

DU G∴ OR∴ DE FRANCE.

Extrait de la Pl∴ du 7ᵐᵉ J∴ du 11ᵉ mois de l'an de la V∴ L∴ 5806.

La R∴ L∴ Saint-Jean, sous le titre distinctif des AMIS DE LA PAIX, régulièrement convoquée et fraternellement réunie sous le point géométrique connu des seuls vrais Frères, dans un lieu très-régulier, très-fort, et éclairé des Etoiles mystiques, où règnent le silence, la paix et l'équité ; M∴ P∴

Les Travaux ont été ouverts au G∴ d'App∴ à l'O∴ par le T∴-C∴ F∴

1

SAVARD, V∴ titulaire, et à l'Occ∴ par les FF∴ Livin et Gaudin, Ier. et IIme. Surv∴

Le F∴ Brulé, adj∴ à l'O∴, siégeant à son banc.

Lecture faite par le R∴ F∴ Cheval-lot Père, Secrétaire Général, de la Pl∴ tracée des derniers Travaux, elle a reçu la sanction d'usage.

Plusieurs FF∴ Vis∴ ayant demandé l'entrée du Temple, ils y ont été introduits et accueillis avec l'amitié la plus tendre, la plus maçonique et la plus fraternelle.

L'un d'eux a répondu en leurs noms, avec les témoignages d'un attachement inviolable, une reconnoissance infinie et un dévouement inaltérable.

Immédiatement après les Trav∴ ont commencé. Chaque F∴ y a pris part avec l'ardeur, le zèle et l'éclat que méritoit la majesté de cette mémorable solennité.

Le T∴-R∴ F∴ Brulé prononce un Discours qui reçoit les applaudissemens maçoniques ; ce R∴ F∴ répond par la même batterie , qui est couverte avec les marques de la plus tendre fraternité.

La R∴ L∴ en ordonne l'insertion en la présente.

Discours du R∴ F∴ Brulé , adj∴ à l'Orateur.

« T∴-V∴, et TT∴-CC∴ FF∴ qui composez cette R∴ L∴; gloire au G∴ A∴ de l'Univers, que tout l'honneur soit rendu à celui qui le représente sur la terre ; salut au G∴ M∴ de toutes les LL∴ RR∴ de France.

» Nous sommes rassemblés dans cette enceinte pour célébrer la Fête de l'Ordre; cette époque fut toujours mémorable dans les annales de la Franc-Maçonnerie; mais cette année, des circonstances doivent contribuer à lui donner plus d'éclat et de solennité. Quant à moi, ce jour me rappelle des souvenirs bien doux à mon cœur. Il y a aujourd'hui deux ans que je fus reçu Membre de cette respectable L∴ ; il y a aussi deux ans que je reçus d'elle, pour la première fois, les témoignages les plus flatteurs de sa bienveillance et de ses bontés : qu'elle me permette de profiter de cette occasion pour lui en exprimer ma vive reconnoissance. Avant mon admission dans cet At∴, les vertus modestes de ses Membres m'étoient connues, et cette connoissance affermit, augmenta le désir que j'éprouvois depuis long-temps de pouvoir faire partie d'une Association où se trouve réuni le mérite si rare de prêcher les vertus et de les mettre en pratique. Lorsque je fus initié dans les Mystères de la Maçonnerie, je n'ai pas vu sans émotion cette fraternité si douce, cet accord, cette amitié si touchante qui distinguent les Membres de cette respectable L∴. Dans toutes celles où j'ai eu la faveur d'être introduit, j'ai toujours remarqué avec plaisir, et à la gloire de l'Institution toute entière, l'union la plus parfaite ; mais dans celle-ci plus particulièrement encore, je trouve qu'il y règne un ton d'aménité, d'abandon, de franchise et de cordialité qui plaît, qui séduit, et que l'on trouve rarement. Le caractère liant et pacifique de tous mes honorables FF∴, leurs mœurs douces et pures, font naturellement naître la pensée qu'on ne pouvoit donner à cette L∴ un nom qui lui convint mieux que celui *des Amis de la Paix.*

» La modestie ne me permet pas de pousser plus loin l'éloge de ce respectable At∴; en louant une Société en général, c'est louer nécessairement les hommes qui en font partie, et de cette manière la louange se trouveroit rejaillir jusqu'à moi. Je me bornerai donc à ajouter que si cette L∴ se fait remarquer par quelque mérite particulier; si elle peut, avec avantage, soutenir la comparaison avec les autres LL∴, nous en devons rendre grâces à notre très-digne Vénérable, qui, par ses conseils et ses vertus, nous offre sans cesse des préceptes à suivre, un modèle à imiter. Je ne prétends point ici lui adresser un compliment : c'est un pur et sincère hommage qui coule de source, et que je me plais de rendre à la vérité.

» J'ai dit que les circonstances devoient contribuer à donner à cette Fête plus d'éclat et de pompe; en effet, si l'an dernier, à pareil jour, les voûtes de ce Temple ont retenti des chants de la Victoire, si l'on a célébré avec enthousiasme la Bataille et le Vainqueur d'Austerlitz, la défaite des Autrichiens et des Russes, la conquête d'une grande partie du territoire des premiers, et le renvoi honteux des seconds ; en ce moment nous avons à chanter des Victoires encore plus étonnantes : la Bataille d'Iéna, la dispersion ou la ruine de la plus belle armée que la Prusse ait jamais pu rassembler, et l'occupation de la presque totalité des Etats de Guillaume III. Il y a quatre mois, les Soldats Français, tous couverts de gloire, se reposoient à l'ombre de leurs lauriers; sur la foi des traités, ils s'avançoient vers Paris, où des Fêtes Triomphales leur étoient préparées; ils jouissoient d'avance du plaisir qu'ils se promettoient de goûter au sein de leurs familles : qui eût cru qu'alors une nouvelle coalition étoit prête d'éclater ? Nos ennemis ourdissoient cependant de nouvelles trames, et ne tardèrent point à se montrer enfin à découvert. Il fallut que ces Guerriers invincibles reprissent les armes et retournassent aux combats. Mais repasser ce fleuve fameux qui nous sert de limite, traverser

toute l'Allemagne, conquérir la Hesse,
la Prusse et toutes ses places fortes; pren-
dre possession des Villes Hanséatiques,
de la Pologne; tout cela fut fait en moins
de deux mois. L'histoire ne fournit point
d'exemple d'une pareille rapidité de
marches et de conquêtes. Je cite des faits
qui sont à la connoissance de tout le
monde, parce qu'il suffit de les rappeler
pour faire l'éloge de l'EMPEREUR et de
nos Guerriers : mes observations seroient plutôt dans le cas d'affoiblir, de
ternir l'éclat de tant de triomphes, que
d'en relever la gloire. Dans ce moment,
les armes françaises sont partout; la
Hollande, l'Allemagne, la Prusse, la
Pologne, la Dalmatie, l'Italie, sont té-
moins de la valeur française. Espérons
qu'à force de victoires et de conquêtes,
de générosité et de grandeur, nos ennemis reviendront à des sentimens plus
humains, à une politique plus éclairée,
plus conforme à leurs intérêts, et qu'ils

sentiront enfin la nécessité de rendre le repos à l'Europe, pour assurer à eux-mêmes leur tranquillité, garantir leur puissance et leurs couronnes. Jamais la France, même au commencement du règne de Louis XV, où elle étoit parvenue au plus haut degré de sa gloire; jamais elle n'a joui d'une aussi grande considération; jamais ses forces militaires ne furent sur un pied aussi formidable. Tout ce que nous avons vu, depuis deux ans surtout, tient du prodige. Quoiqu'étonnés, éblouis, nous croyons, nous qui sommes contemporains; mais la postérité ne s'en convaincra pas sans peine. Que l'Empereur, à qui nous devons la régénération de notre Patrie, ne peut-il être aujourd'hui témoin des sentimens d'amour, de reconnoissance et d'admiration dont nous sommes tous pénétrés; que ne peut-il lire dans les cœurs, il verroit que ses amis les plus ardens et les plus vrais, se trouvent parmi les Francs-Maçons, et que personne ne forme des vœux plus sincères pour sa conservation et la prospérité constante de ses armes. »

Le R∴ F∴ MURE jeune, Expert, ayant obtenu la parole, prononce un morceau d'Architecture qui a reçu les témoignages les plus flatteurs ; l'At∴ en ordonne l'insertion en la présente.

Discours du R∴ F∴ MURE jeune.

« La double Fête qui nous rassemble est bien chère à tous les Maçons : d'une part nous avons à nous retracer la mémoire de notre Patron bien-aimé ; d'autre part, les Victoires éclatantes de nos Armées invincibles doivent nous pénétrer de la plus haute admiration, et remplir nos cœurs d'une vive reconnoissance pour le Héros magnanime qui les commande. Que de sujets d'allégresse, M. FF∴, et combien nos cœurs doivent en être émus ! Il ne m'appartient pas de peindre un si beau jour avec tout l'éclat dont il brille : mon zèle seul fait toute mon éloquence ; cependant il me force à élever la voix dans cette auguste enceinte. Si j'avois à parler à des profanes, je sens que ce zèle intimidé m'abandonneroit ; mais parlant à des Maçons, qui font de l'indulgence leur vertu favorite, mon cœur s'épanchera avec toute l'effusion de la plus vive sensibilité.

» De tous temps, l'homme s'est appliqué à la recherche des principes de la vraie sagesse, source essentielle d'où découle le bonheur ; de tous temps des hommes privilégiés par le G∴ A∴ de l'Un∴, ont répandu sur les autres hommes la lumière, pour adoucir leurs passions et échauffer en eux le sentiment de l'amitié ; ce sentiment précieux, qui, seul, est la base de toutes les vertus. Douce Amitié ! tu es innée dans le cœur des hommes : pourquoi faut-il qu'un si grand nombre te méconnoisse ! Que dis-je ? nul ne te méconnoît : il n'en est aucun en qui la nature n'ait imprimé un plaisir secret à aimer son semblable, et à le secourir par tous les moyens dont il peut être capable, à quel âge et dans quelque position qu'il puisse se trouver. D'où vient donc la cause qui rend si rare les exemples d'une amitié parfaite ? Mes chers FF∴, elle se trouve dans les paroles mêmes de notre Patron chéri, lorsqu'il dit : *la lumière luit dans les ténèbres, et les ténèbres ne l'ont point comprise.* Ces paroles seroient susceptibles d'être développées pour les rendre intelligibles à des profanes ; mais des Maçons en saisissent facilement le sens dans toute sa profondeur. Oui, mes FF∴, la lumière est accessible à tous les hommes ; mais ceux dont l'âme est trop rapprochée de la matière, en sont frappés et ne la réfléchissent pas. Ainsi le soleil d'un beau jour lance ses rayons sur les corps transparens, et ils resplendissent de son éclat; tandis que les corps opaques, frappés des mêmes rayons, n'en sont nullement pénétrés, ils n'en réfléchissent pas la moindre étincelle.

» Entre les hommes dont le G∴ A∴ de l'Un∴ s'est servi pour instruire les autres, notre Patron tient sans doute le rang le plus distingué. Disciple chéri de l'Homme-Dieu, il donna à son Maître les témoignages les plus éclatans d'une amitié pure, d'un zèle infatigable, d'un dévouement entier, qui ne souffrit aucune altération jusqu'aux derniers instans de sa vie. Je dis jusqu'aux derniers instans de sa vie, parce que la fin de cette vie admirable porte le caractère frappant de la pratique fondamentale de la Maçonnerie.

» En effet, accablé par la caducité de

son grand âge, ne pouvant plus faire de longs discours, Saint-Jean appeloit ses Frères autour de lui, et ne cessoit de leur répéter la grande maxime qui réunit les Maçons d'un Pôle à l'autre : *aimez vous*, leur disoit notre digne Patron. Quelques-uns lui ayant observé qu'il répétoit toujours la même recommandation, il répondit à tous avec effusion de cœur : je n'ai, en effet, rien de plus à vous dire, *aimez vous les uns les autres*; cette pratique comprend tout. Eh ! ne diroit-on pas qu'il préside au milieu de nous, en voyant dans ce Temple paré de ses plus beaux ornemens, ce concours nombreux de Frères qui s'y précipitent avec empressement ; leurs augustes décorations qui brillent aux yeux, ces embrassemens, ces chants d'allégresse, ces retentissemens d'une joie douce et pure, tout ici nous répète la maxime par excellence : *aimez vous.*

» Fût-il jamais de spectacle plus ravissant !

» Dans les cercles profanes que voit-on, hélas ! et que peut-on apprendre ? la médisance, l'imposture ou une dissimulation raffinée qui couvre des vices plus funestes encore ; souvent une haine implacable : que sais-je ! Mais ici tout retentit des accens de la vertu, tout la commande et proscrit le désordre.

» Aussi voyons-nous les institutions humaines, en général, s'atténuer, s'altérer et finir par n'être plus ; pendant que l'institution maçonique survit à tous les débris de ces combinaisons fastueuses et les plus solides en apparence. Nous avons vu de nos jours, je ne citerai que cet exemple, un corps nombreux qui sembloit établi sur des bases inébranlables, succomber sous les efforts du plus affreux bouleversement. Mais quelque impétueux qu'ait été le cours de cette crise terrible, la Maçonnerie s'est maintenue et se montre avec tout son éclat. En vain on a voulu établir en principe la haine , l'animadversion , la vengeance ; les Maçons étoient là ; c'est-à-dire, partout, et partout les Maçons ont continué de s'aimer.

» Oh', notre digne Patron ! nous sommes comme des enfans bien nés : toujours dignes de leur Père , ils n'oublient jamais les dernières recommandations sorties de la bouche paternelle. En mourant, tu nous as dit : *aimez vous.* Eh bien ! nous ne cesserons jamais de t'honorer en pratiquant ce que tu nous as recommandé. Nous nous appelons Frères, et nous en avons les sentimens.

» Chez nous, tout ce qui porte le nom d'homme est accueilli sans distinction de rang , de naissance, de climat , d'usage , de lois ni d'opinions; une seule épreuve est nécessaire : un

cœur

cœur sensible et des mœurs honnêtes.

» Nous nous faisons gloire de res-
sembler à la Divinité qui répand ses
bienfaits sur l'espèce humaine, pour le
seul plaisir de bien faire.

» A nos yeux, celui qui n'aime pas
son semblable est un aveugle qui méconnoît la nature; celui qui voudroit
le haïr, est un monstre qui l'outrage et
que, cependant, nous ne détestons pas ;
nous l'accueillons pour le transformer
en un être bienfaisant.

» Dans le second rapport qui carac-
térise notre solennité, il est doux pour
mon cœur, il est digne de nous, mes
FF∴, d'avoir, tout en célébrant nos
Victoires, à louer le principal motif du
Héros que l'Univers contemple. Au
sein de ses triomphes, il fait consister
toute sa gloire à ne tendre qu'à la Paix.
Certes, si nous n'apercevions dans
l'auguste Chef de l'Empire que le désir
de multiplier ses conquêtes, je m'abs-

tiendrois de toute louange, un silence respectueux déceleroit mon improbation : mais l'Europe le sait, c'est pour contraindre nos ennemis à renoncer à la guerre ; c'est pour forcer, en quelque sorte, les Peuples et les Nations à ne former qu'une même famille, qu'il ordonne les batailles et qu'il profite de la défaite de ses ennemis. Ce n'est pas la branche de laurier dont il veut couronner sa tête comme Vainqueur, c'est la palme d'olivier qu'il leur présente comme Pacificateur. En un mot, lors même qu'il fait éclater la foudre, c'est la grande maxime qu'il prétend propager : *aimez vous.* C'est donc avec l'enthousiasme des sentimens de la fraternité dont nous sommes animés, que je vais lui consacrer le juste tribut de mon éloge.

» NAPOLÉON est encore un de ces hommes rares dont le G∴ A∴ de l'Un∴, dans sa divine bonté, se plaît à faire

choix pour punir les crimes et la cor-
ruption des Gouvernemens qui dévo-
rent les Peuples. Louer un si grand
Héros n'est pas facile , ses actions sur-
passent la pensée de tous les hommes.
Les Historiens observateurs ont jusqu'ici fait un rapprochement entre les
règnes d'Auguste et celui de Louis
XIV. Ces deux Monarques célèbres
avoient pris naissance dans le même
mois , tous deux avoient reçu de la nature la même ardeur pour la gloire, le
même génie pour la tourner au profit
du genre humain. L'un et l'autre étoient
montés sur le Trône à la suite des dis-
sensions et des guerres civiles qui
avoient tourmenté le monde. Jusque-là
il en est de même pour ce qui regarde
NAPOLÉON - LE - GRAND. Mais
quelle différence dans l'établissement
de son Trône et dans ses travaux su-
blimes ! Ce Trône étoit enfoui sous les
décombres de la Religion et des Lois ,

en un seul jour il a été élevé et affermi
sur des bases solides. Assis sur ce Trône triomphant de tant de ruines, son
sceptre et sa couronne deviennent le
symbole de la toute-puissance. NAPO-
LÉON, d'une seule pensée, sait tout
ce qui peut contribuer au bonheur du
genre humain; il a pénétré jusqu'au
fond du cœur des Souverains. Là, il a
su discerner le juste et l'injuste; il a
dit : les uns seront confondus, et les
autres glorifiés. Aussitôt son Aigle, jus-
tement indignée, s'élance, et par la
force et la rapidité de son vol, épou-
vante les Rois perfides qui fuient hu-
miliés et dévorés par les plus cruels re-
mords; en même temps ils sont rempla-
cés par de nouveaux Monarques qui,
doués de la vraie sagesse, ramènent
chez les Peuples la paix, la sérénité et
l'abondance.

» Mais tant de bien déjà opéré pour
les hommes ne satisfait point l'amour

que **NAPOLÉON** porte à son Peuple favorisé : dans le système affreux
d'un Gouvernement dépravé , qui fou-
le aux pieds tous les droits sacrés de
la civilisation , le Héros aperçoit le
foyer *exécrable* où se fomentent les
maux toujours renaissans et la conti-
nuité des obstacles , qui s'opposent à
la prospérité du Grand Peuple. Il fait
planer son génie sur l'infâme Albion ;
d'un regard perçant il sonde , il exami-
ne , et il trouve tous les moyens de punir son détestable orgueil. A l'instant
il commande ses phalanges ; elles s'é-
branlent , tout est vaincu. Le succès
de sa foudre est maintenant assuré
pour anéantir ce monstre destructeur.

» Je l'ai déjà dit, M∴ T∴-C∴ FF∴,
louer notre auguste EMPEREUR, est
au-dessus des forces humaines, autant
que son génie surpasse celui des grands
hommes les plus célèbres qui l'ont pré-
cédé. Peu de jours encore , et sa haute

sagesse, d'accord avec la Nature, aura rempli les grandes destinées auxquelles le Grand Peuple fut de tout temps appelé. Alors Bellone sera pour jamais exilée d'ici-bas ; la Paix, l'aimable Paix régnera seule sur la terre ; et les Peuples de toutes les Nations, heureux par ses bienfaits, chanteront de concert ces mots chéris de la Maçonnerie : *vivat ! vivat ! vivat* NAPOLÉON-LE-GRAND! »

Les T∴-C∴ FF∴ CHEVALLOT Père, Secrétaire génér∴, et DUBARE, Trésorier général, ont été invités de vouloir bien se concerter pour la rédaction et l'impression de la Pl∴ et des Discours.

Le Ch∴ F∴ ROLAND l'aîné, Hospital∴, a été invité, par le V∴, à faire circuler le Tronc de Bienfaisance.

Les Trav∴ ont été suspendus pour passer à la salle du Banq∴

Cette Salle, élégamment décorée,

présentoit un aspect digne de la mémoire de ce jour.

Le V∴ ayant frappé un coup de
Maillet, le silence a succédé aux épan-
chemens du cœur et de la douce fraternité qui régnoient parmi les FF∴

Il fait annoncer que les Trav∴ qui
étoient suspendus, reprennent force et
vigueur, pour porter la première santé;
tous les FF∴ étant debout et à l'ordre,
et le Gl∴ en main :

Le V∴ annonce celle de NAPO-
LÉON-LE-GRAND, premier EMPE-
REUR DES FRANÇAIS ET ROI D'ITALIE ;
de SON AUGUSTE EPOUSE, la Famille
Impériale, et de tout ce qui a le bonheur de lui appartenir, ainsi qu'à la
prospérité des Armes de l'Empire.

Le zèle n'a pas eu besoin de se com-
mander, il étoit dans tous les cœurs
ainsi qu'il étoit exprimé dans tous les
regards, et chaque F∴ en a manifesté
une joie indicible.

Cette santé a été portée avec l'enthousiasme du respect, de l'admiration et de l'attachement que tous les Maçons ont pour le Héros de la France et sa Famille.

Le V∴ fait annoncer la seconde santé, celle de S∴ M∴ JOSEPH NAPOLÉON, Roi de Naples, G∴ M∴ de toutes les LL∴ Rég∴ de France, celles des Officiers d'Honneur du G∴ O∴, des Officiers dignitaires, des Maîtres des LL∴ Régulières, des Députés qui les représentent, des Or∴ étrangers, et des LL∴ de la correspondance.

Ces santés ont été portées avec tout le respect et l'attachement qu'elles méritent.

Le V∴ annonce que les Trav∴ étoient de nouveau suspendus.

Après que les FF∴ ont eu joui un moment des charmes de l'amitié, le Maillet s'est fait entendre à l'Occ∴ ; le V∴ répond et remet les Trav∴ en vigueur. Les FF∴ Ier et IIme Surv∴, et Or∴, ont annoncé une santé bien précieuse à l'Ordre, celle du T∴Ch∴ V∴ et tout ce qui a le bonheur de lui appartenir ; elle a été portée avec le feu le plus vif, le plus reconnoissant et les marques du plus sincère attachement.

Le V∴ a remercié avec cette douce aménité qui le rend si cher à tous les FF∴

Toutes les autres santés d'usage ayant été portées, le V∴ a invité les FF∴ à se livrer à l'allégresse et à la célébrer par des Cantiques.

Plusieurs morceaux en l'honneur de S∴ M∴ L'EMPEREUR et à la Gloire de ses Armées invincibles, ont été chantés ; tous ont été applaudis avec ce plaisir inexprimable dont tous les FF∴ étoient pénétrés.

Des Cantiques ont été chantés par plusieurs FF∴ ; ils ont été couverts par les applaudissemens d'usage.

Le V∴ a fait les questions d'usage pour la prospérité et le bien de l'ordre; il a commandé la dernière santé; le Cantique de fermeture a été chanté et les refrains répétés avec l'accent du vrai plaisir. Les Trav∴ de la R∴ L∴ ont été fermés en la manière accoutumée, et chacun s'est retiré en paix.

Signés, SAVARD, Vénér∴; Livin, 1er Surv∴; Gaudin, 2me Surv∴; Brulé, Adj∴ à l'O∴; Dubare, T∴ G∴

Par Mandement de la R∴ L∴,

Chevallot, Secrét∴ Gén∴